AF221321

Impressum
Verlag: BABADADA GmbH, Nedderfeld 112 , 22529 Hamburg
Geschäftsführer / Verlagsleitung: Harald Hof
Druck: Books on Demand GmbH, In de Tarpen 42, 22848 Norderstedt

Imprint
Publisher: BABADADA GmbH, Nedderfeld 112 , 22529 Hamburg, Germany
Managing Director / Publishing direction: Harald Hof
Print: Books on Demand GmbH, In de Tarpen 42, 22848 Norderstedt

colegio

škola

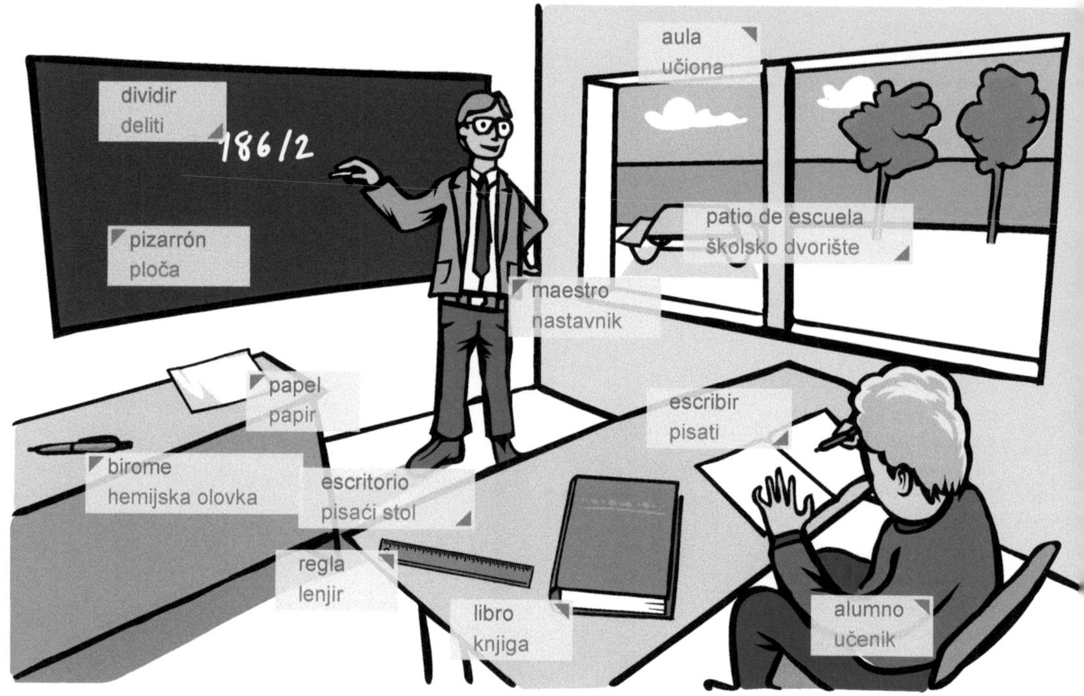

aula
učiona
dividir
deliti
186/2
pizarrón
ploča
patio de escuela
školsko dvorište
maestro
nastavnik
papel
papir
escribir
pisati
birome
hemijska olovka
escritorio
pisaći stol
regla
lenjir
libro
knjiga
alumno
učenik

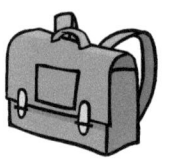

mochila

torba

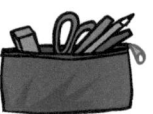

caja de lápices

pernica

lápiz

grafitna olovka

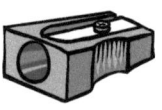

sacapuntas

šiljilo za olovke

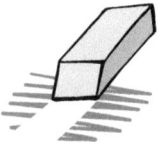

goma (de borrar)

gumica za brisanje

bloc de dibujo

blok za crtanje

dibujo

crtež

pincel

kist

caja de pinturas

kutija sa bojama

tijera

makaze

pegamento

lepilo

cuaderno de ejercicios

beležnica

tarea

domaći zadatak

número

broj

sumar

sabirati

restar

oduzimati

multiplicar

množiti

calcular

računati

letra

slovo

abecedario

abeceda

palabra

reč

texto
tekst

leer
čitati

tiza
kreda

lección
čas

cuaderno de clase
dnevnik

examen
ispit

certificado
svedočanstvo

uniforme escolar
školska uniforma

educación
obrazovanje

enciclopedia
leksikon

universidad
univerzitet

microscopio
mikroskop

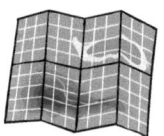

mapa
karta

tacho (de basura)
košara za papir

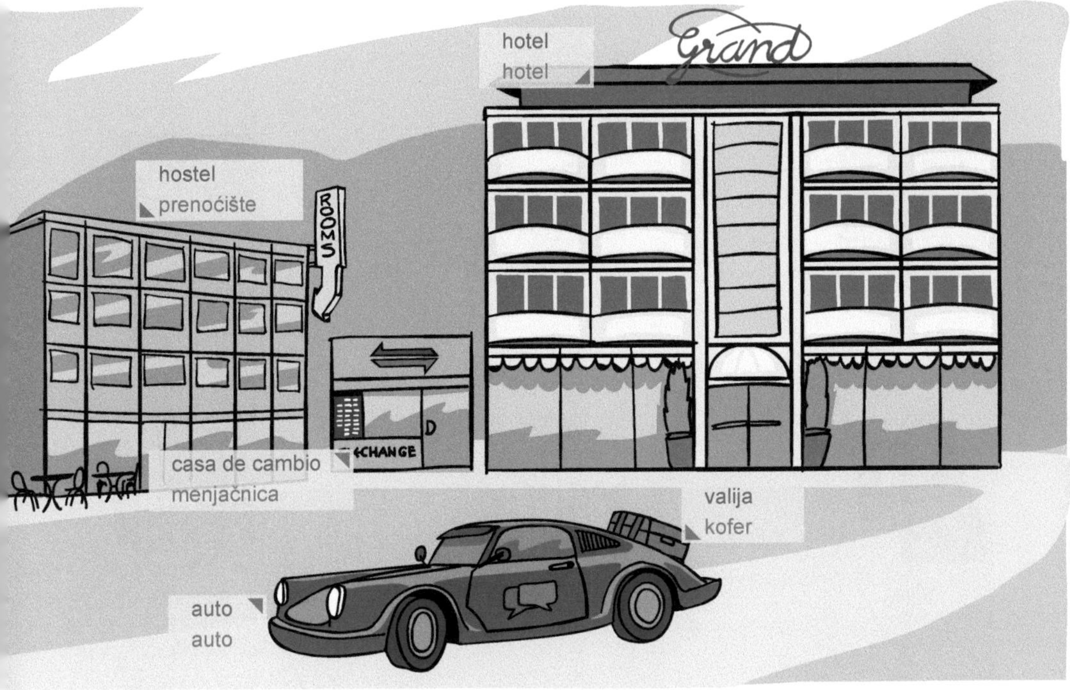

hotel
hotel
Grand
hostel
prenoćište
ROOMS
casa de cambio
menjačnica
valija
kofer
auto
auto

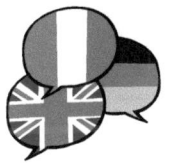

idioma

jezik

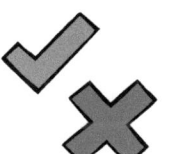

sí / no

da / ne

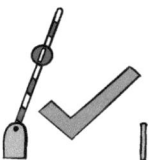

Está bien

okej

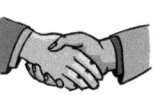

hola

zdravo

traductor

prevodilac

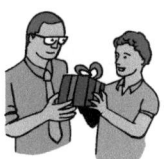

Gracias

hvala

¿cuánto cuesta…?

Koliko košta…?

No entiendo

ne razumem

problema

problem

¡Buenas tardes!

dobro veče!

¡Buenos días!

Dobro jutro!

¡Buenas noches!

Laku noć!

adiós

doviđenja

dirección

smer

equipaje

prtljaga

bolso

torba

mochila

ruksak

invitado

gost

habitación

soba

bolsa de dormir

vreća za spavanje

carpa

šator

información turística

turističke informacije

playa

plaža

tarjeta de crédito

kreditna kartica

desayuno

doručak

almuerzo

ručak

cena

večera

pasaje

karta za vožnju

ascensor

lift

sello

poštanska markica

frontera

granica

aduana

carina

embajada

ambasada

visa

viza

pasaporte

pasoš

transporte
transport

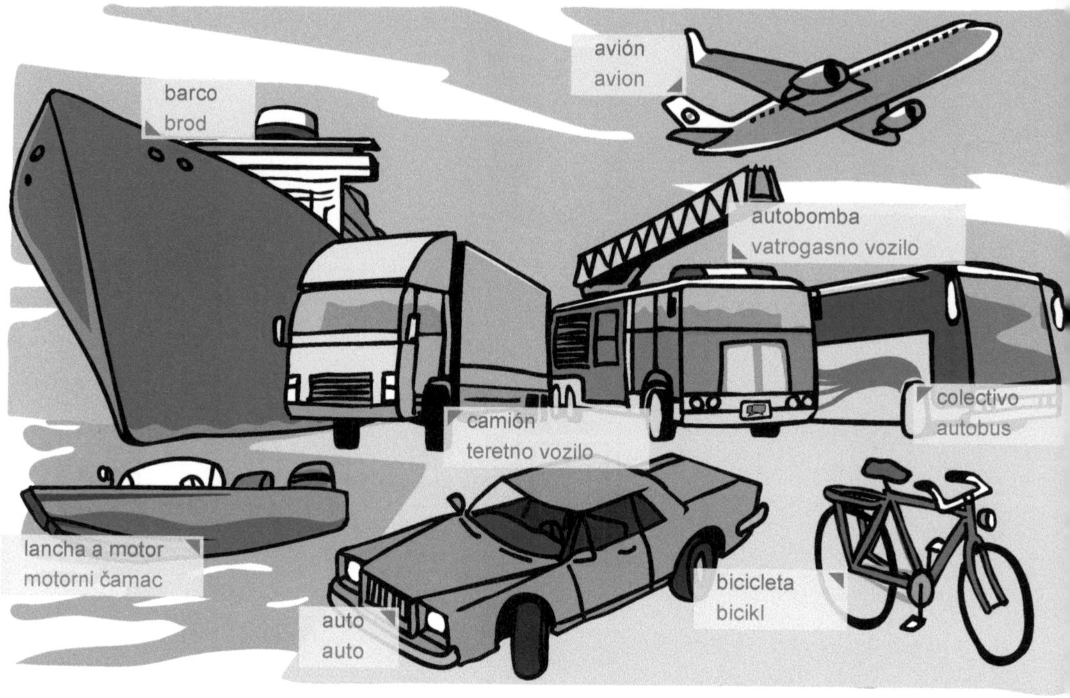

avión
avion

barco
brod

autobomba
vatrogasno vozilo

colectivo
autobus

camión
teretno vozilo

lancha a motor
motorni čamac

bicicleta
bicikl

auto
auto

ferry
trajekt

bote
čamac

moto
motocikl

patrullero
policijski auto

auto de carreras
trkaći auto

auto de alquiler
iznajmljeno auto

alquiler de autos

delenje automobila

grúa

vučno vozilo

camión de basura

vozilo za odvoz smeća

motor

motor

nafta

benzin

estación de servicio

benzinska stanica

señal de tránsito

saobraćajni znak

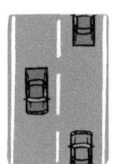

tránsito

saobraćaj

embotellamiento

zastoj

estacionamiento

parkiralište

estación de tren

železnička stanica

vías

šine

tren

voz

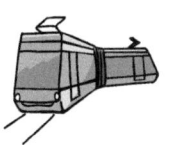

tranvía

tramvaj

vagón

vagon

helicóptero

helikopter

aeropuerto

aerodrom

torre

kula

pasajero

putnik

contenedor

kontejner

caja de cartón

karton

carretilla

kolica

canasta

korpa

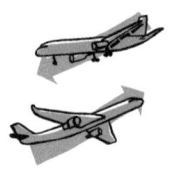

despegar / aterrizar

uzleteti / sleteti

ciudad

grad

pueblo

selo

centro de ciudad

centar grada

casa

kuća

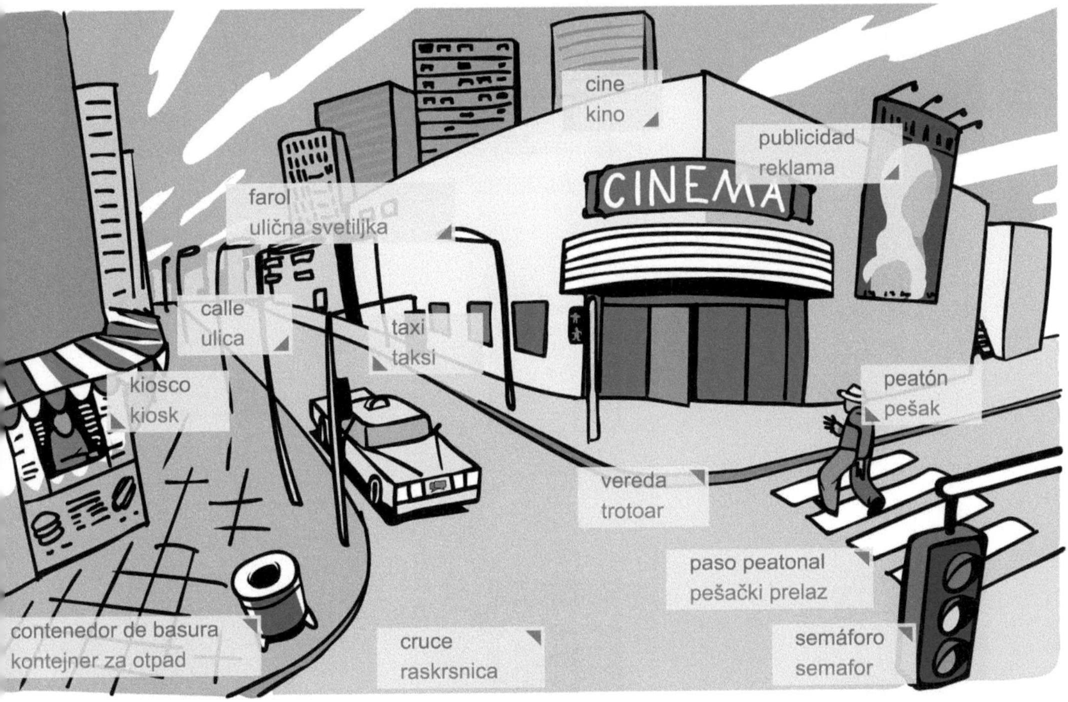

cine
kino

publicidad
reklama

farol
ulična svetiljka

calle
ulica

taxi
taksi

kiosco
kiosk

peatón
pešak

vereda
trotoar

paso peatonal
pešački prelaz

contenedor de basura
kontejner za otpad

cruce
raskrsnica

semáforo
semafor

cabaña
koliba

departamento
stan

estación de tren
železnička stanica

municipalidad
većnica

museo
muzej

colegio
škola

ciudad - grad

11

universidad

univerzitet

banco

banka

hospital

bolnica

hotel

hotel

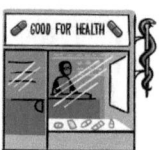

farmacia

apoteka

oficina

kancelarija

librería

knjižara

negocio

prodavnica

florería

cvećara

supermercado

supermarket

mercado

trg

grandes tiendas

robna kuća

pescadería

ribarnica

centro comercial

trgovački centar

puerto

luka

parque

park

banco

klupa

puente

most

escaleras

stepenice

subte

podzemna železnica

túnel

tunel

parada del colectivo

autobuska stanica

bar

bar

restaurante

restoran

buzón

poštansko sanduče

letrero

ulični znak

parquímetro

parkirni automat

zoológico

zoološki vrt

pileta

bazen

mezquita

džamija

granja

seosko gazdinstvo

contaminación

zagađenje okoline

cementerio

groblje

iglesia

crkva

juegos infantiles

igralište

templo

hram

paisaje
pejsaž

hoja
list

poste indicador
putokaz

camino
put

pradera
livada

piedra
kamen

excursionista
šetač

árbol
drvo

río
reka

hierba
trava

flor
cvijet

valle
dolina

montaña
planina

lago
jezero

bosque
šuma

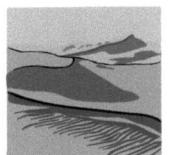

desierto
pustinja

volcán
vulkan

castillo
dvorac

arco iris
duga

champiñón
gljiva

palmera
palma

mosquito
moskito

mosca
muva

hormiga
mrav

abeja
pčela

araña
pauk

escarabajo
buba

rana
žaba

ardilla
veverica

erizo
jež

liebre
zec

lechuza
sova

pájaro
ptica

cisne
labud

jabalí
divlja svinja

ciervo
jelen

alce
los

presa
nasip

aerogenerador
vetrenjača

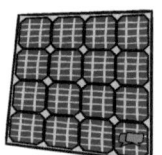

panel solar
solarna ploča

clima
klima

restaurante

restoran

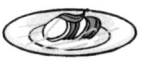

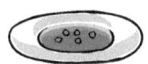

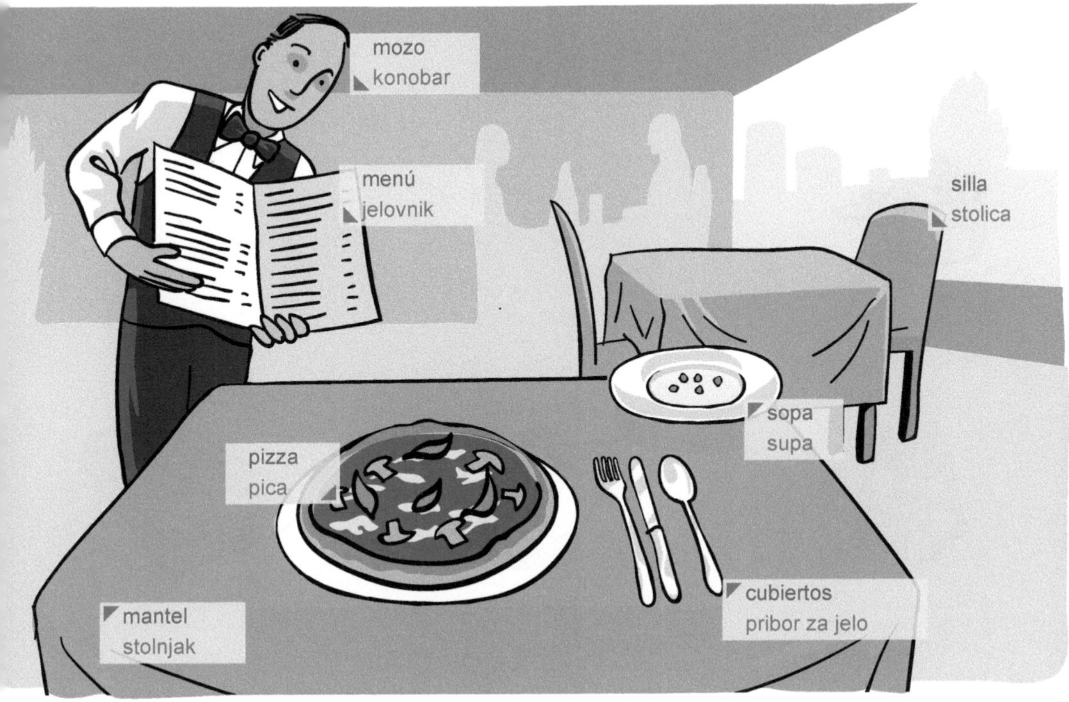
mozo
konobar
menú
jelovnik
silla
stolica
sopa
supa
pizza
pica
cubiertos
pribor za jelo
mantel
stolnjak

entrada
predjelo

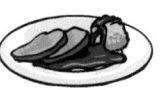

plato principal
glavno jelo

postre
desert

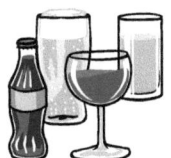

bebidas
napitci

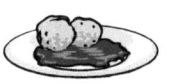

comida
jelo

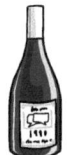

botella
flaša

comida rápida

brza hrana

comida callejera

imbis hrana

tetera

čajnik

azucarera

doza za šećer

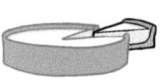

porción

porcija

cafetera expreso

aparat za espresso

sillita alta

visoka stolica

cuenta

račun

bandeja

poslužavnik

cuchillo

nož

tenedor

viljuška

cuchara

kašika

cucharita

čajna kašika

servilleta

salveta

vaso

čaša

restaurante - restoran

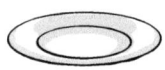

plato
....
tanjir

plato hondo
....
tanjir za supu

plato
....
tanjirić

salsa
....
sos

salero
....
soljenka

molinillo de pimienta
....
mlin za biber

vinagre
....
sirće

aceite
....
ulje

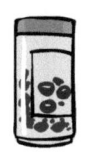

especias
....
začini

kétchup
....
kečap

mostaza
....
senf

mayonesa
....
majoneza

supermercado
supermarket

oferta especial
ponuda
FOR
cliente
kupac
lácteos
mlečni proizvodi
fruta
voće
changuito
kolica za kupovinu

BUTCHERS

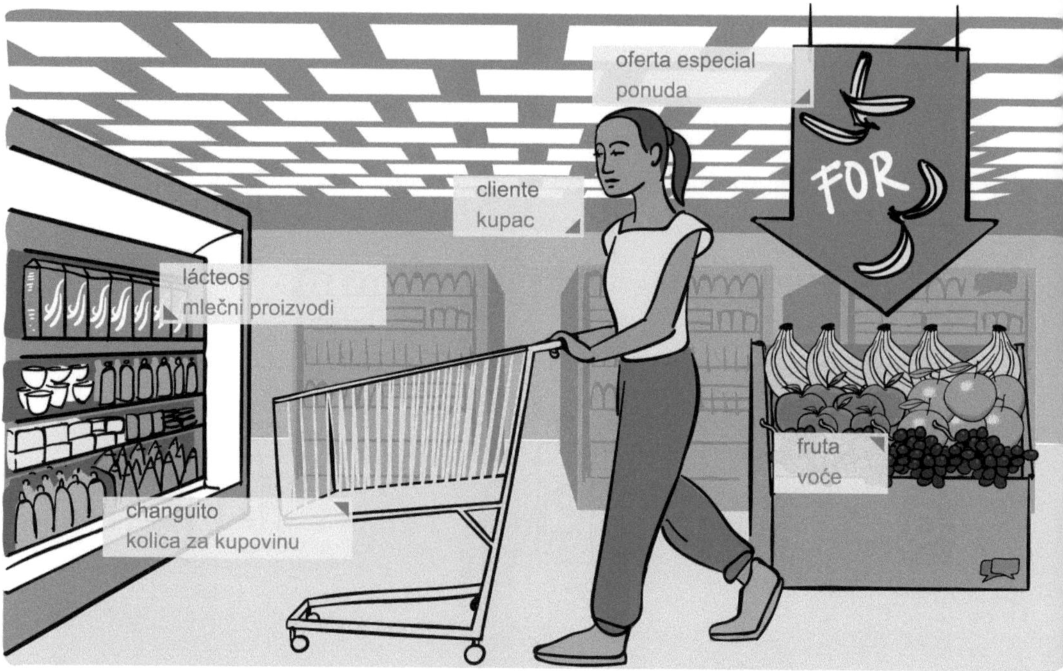

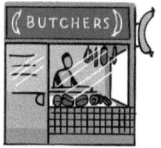

carnicería

mesnica

BAKERY

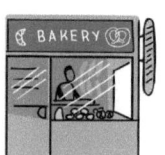

panadería

pekara

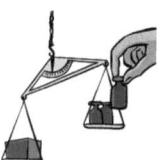

pesar

vagati

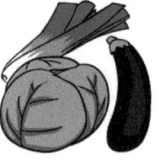

verduras

povrće

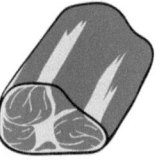

carne

meso

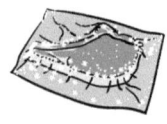

alimentos congelados

smrznuta hrana

fiambres

narezak

alimentos enlatados

konzerve

detergente en polvo

sredstvo za pranje

golosinas

slatkiši

electrodomésticos

artikli za domaćinstvo

productos de limpieza

sredstva za čišćenje

vendedora

prodavačica

caja

blagajna

cajero

blagajnik

lista de compras

lista za kupovinu

horario de atención

vreme rada

billetera

novčanik

tarjeta de crédito

kreditna kartica

cartera

torba

bolsa de plástico

plastična kesa

agua

voda

jugo

sok

leche

mleko

bebida cola

kola

vino

vino

cerveza

pivo

alcohol

alkohol

cacao

kakao

té

čaj

café

kava

café expreso

espresso

cappuccino

cappuccino

banana

banana

manzana

jabuka

naranja

narandža

melón

lubenica

limón

limun

zanahoria

šargarepa

ajo

beli luk

bambú

bambus

cebolla

luk

champiñón

gljiva

nueces

orašasti plodovi

fideos

rezanci

tallarines

špagete

arroz

riža

ensalada

salata

papas fritas

pomfrit

papas fritas

pečeni krumpir

pizza

pica

hamburguesa

hamburger

sándwich

sendvič

churrasco

šnicla

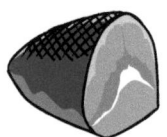

jamón

šunka

salame

salama

salchicha

kobasica

pollo

kokoš

asado

pečenje

pescado

riba

copos de avena

zobene pahuljice

muesli

musli

copos de maíz

kukuruzne pahuljice

harina

brašno

medialuna

kroasan

pancito

pecivo

pan

hleb

tostada

toast

galletitas

keksi

manteca

maslac

cuajada

sveži sir

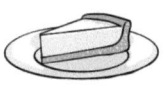

torta

kolač

huevo

jaje

huevo frito

jaje na oko

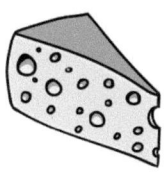

queso

sir

comida - jelo

helado
sladoled

azúcar
šećer

miel
med

mermelada
marmelada

pasta de chocolate
nugat krema

curry
kari

granja
seosko gazdinstvo

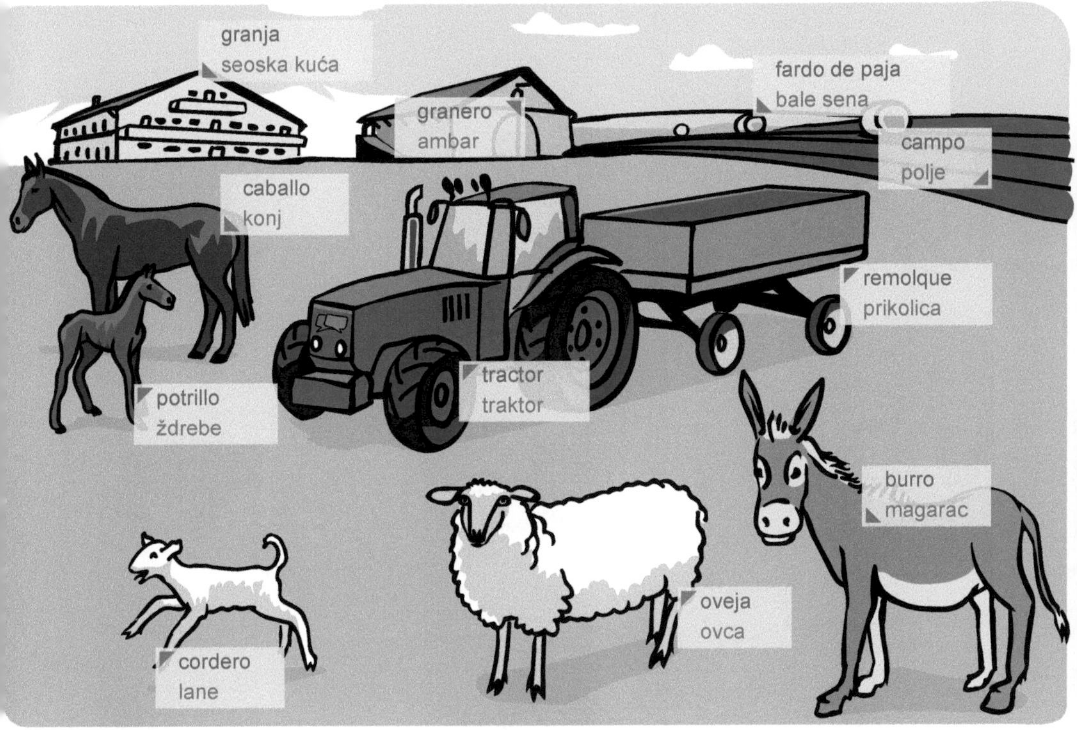
granja
seoska kuća
granero
ambar
fardo de paja
bale sena
campo
polje
caballo
konj
remolque
prikolica
tractor
traktor
potrillo
ždrebe
burro
magarac
oveja
ovca
cordero
lane

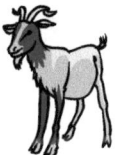

cabra

koza

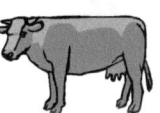

vaca

krava

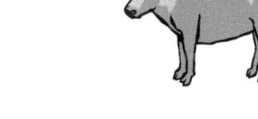

ternero

tele

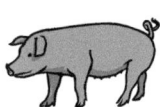

cerdo

svinja

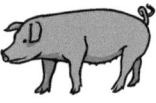

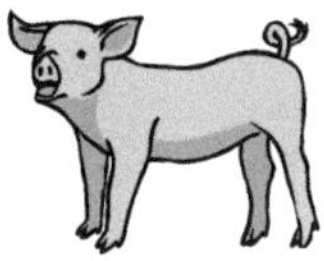

lechón

prase

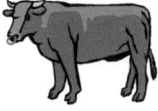

toro

bik

ganso

guska

pato

patka

pollo

pilići

gallina

kokoš

gallo

petao

rata

pacov

gato

mačka

ratón

miš

buey

vol

perro

pas

cucha

kućica za psa

manguera

vrtno crevo

regadera

kanta za polivanje

guadaña

kosa

arado

plug

hoz

srp

azada

motika

horquilla

viljuška za đubrivo

hacha

sekira

carretilla

tačke

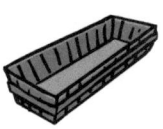

abrevadero

korito

lechera

posuda za mleko

bolsa

vreća

reja

ograda

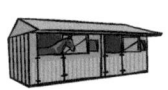

establo

štala

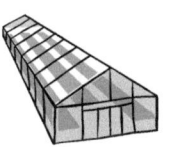

invernadero

staklenik

suelo

zemlja

semilla

seme

fertilizador

đubrivo

cosechadora

kombajn

cosechar

žeti

cosecha

žetva

batatas

jams začin

trigo

pšenica

soja

soja

papa

krumpir

maíz

kukuruz

semilla de colza

uljana repica

árbol frutal

voćka

mandioca

gomolj manioke

cereales

žitarice

casa
kuća

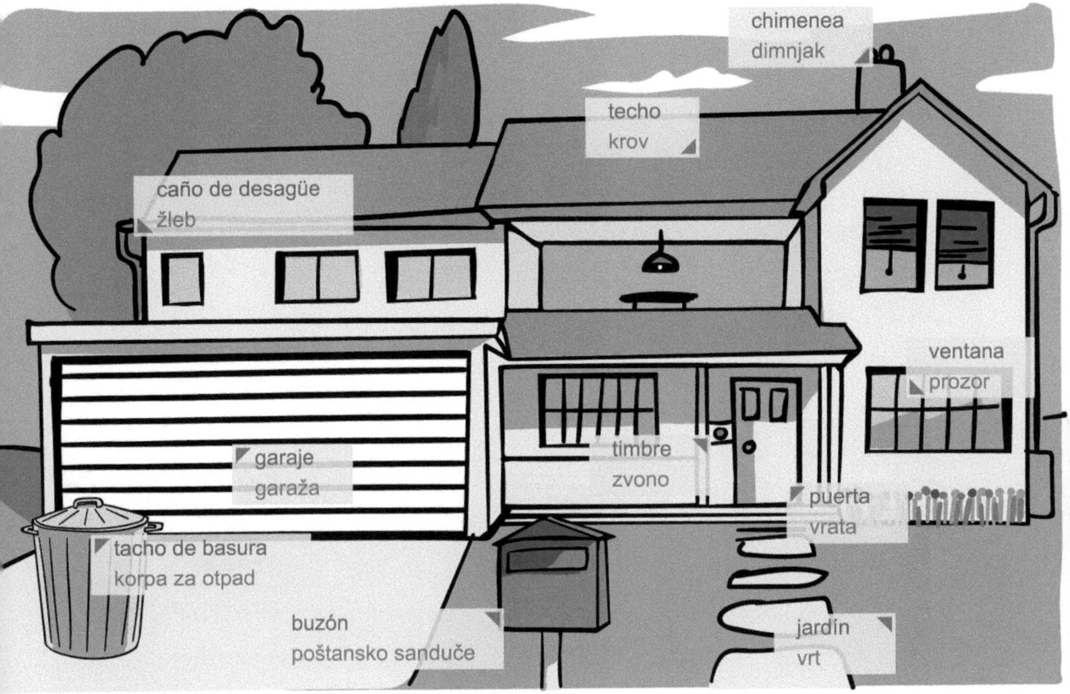
chimenea
dimnjak
techo
krov
caño de desagüe
žleb
ventana
prozor
garaje
garaža
timbre
zvono
puerta
vrata
tacho de basura
korpa za otpad
buzón
poštansko sandučе
jardín
vrt

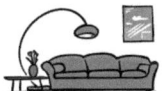

living
dnevna soba

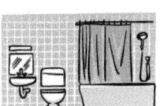

baño
kupaonica

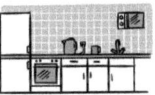

cocina
kuhinja

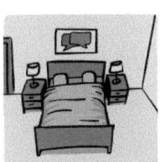

dormitorio
spavaća soba

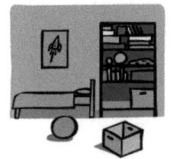

cuarto de los chicos
dečija soba

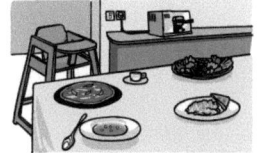

comedor
trpezarija

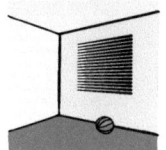

piso
pod

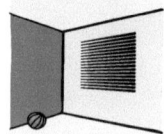

pared
zid

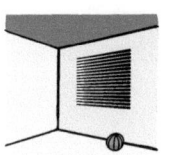

cielorraso
strop

sótano
podrum

sauna
sauna

balcón
balkon

terraza
terasa

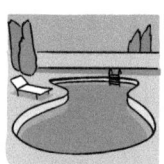

pileta
bazen

cortadora de pasto
kosilica za travu

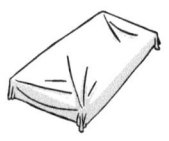

sábana
posteljina za krevet

acolchado
deka za krevet

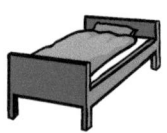

cama
krevet

escoba
metla

balde
kanta

interruptor
prekidač

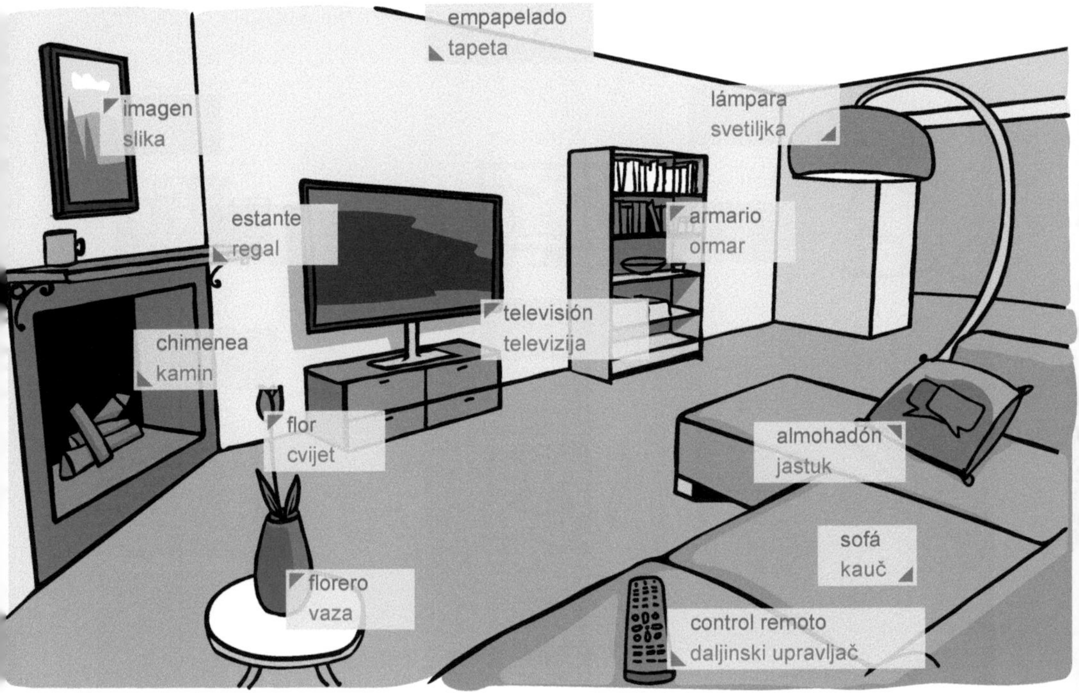

empapelado
tapeta

imagen
slika

lámpara
svetiljka

estante
regal

armario
ormar

chimenea
kamin

televisión
televizija

flor
cvijet

almohadón
jastuk

sofá
kauč

florero
vaza

control remoto
daljinski upravljač

alfombra

tepih

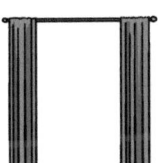

cortina

zavesa

mesa

sto

silla

stolica

mecedora

stolica za njihanje

sillón

fotelja

libro
knjiga

frazada
deka

decoración
dekoracija

leña
drvo za ogrev

película
film

equipo de música
hi-fi uređaj

llave
ključ

diario
novine

pintura
slika na platnu

póster
poster

radio
radio

cuaderno
blok za pisanje

aspiradora
usisivač

cactus
kaktus

vela
sveća

cocina
kuhinja

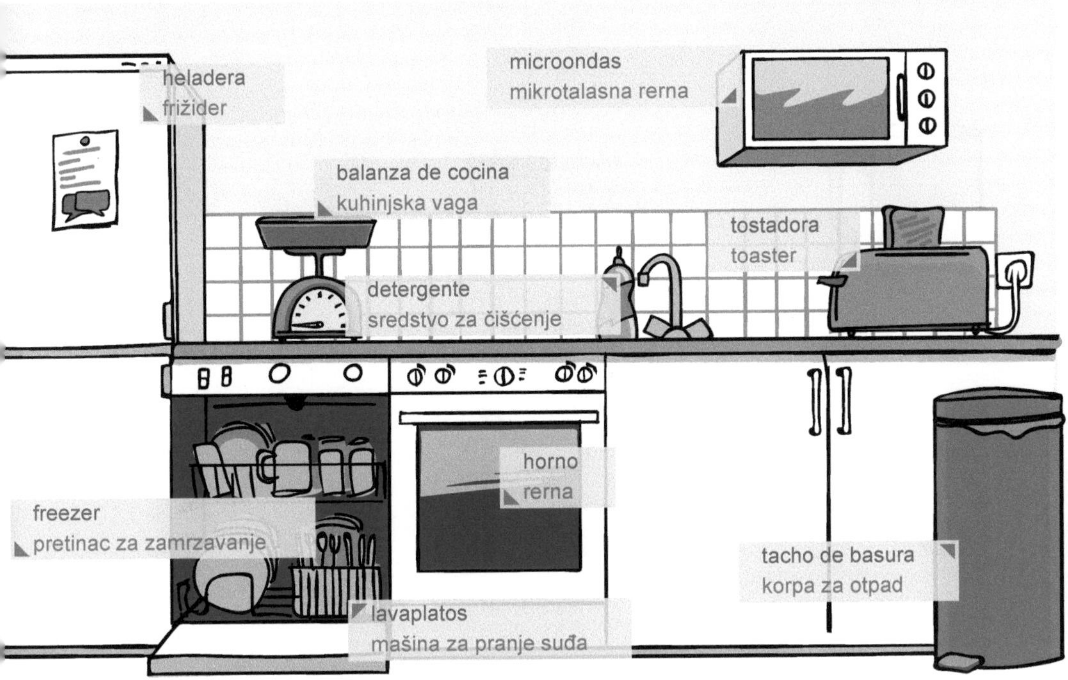
heladera
frižider
microondas
mikrotalasna rerna
balanza de cocina
kuhinjska vaga
tostadora
toaster
detergente
sredstvo za čišćenje
horno
rerna
freezer
pretinac za zamrzavanje
tacho de basura
korpa za otpad
lavaplatos
mašina za pranje suđa

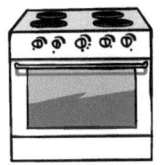

cocina
špo[r]et

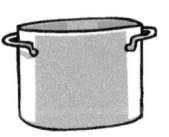

olla
lonac

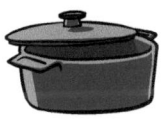

olla de hierro fundido
gvozdeni lonac

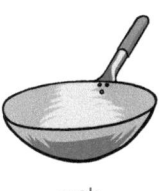

wok
wok / kadai

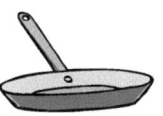

sartén
tava

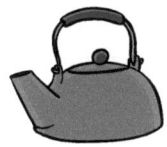

pava
kuvalo za vodu

vaporera

kuvalo na paru

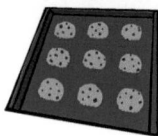

bandeja de horno

lim za pečenje

vajilla

posuđe

taza

čaša

bol

posuda

palitos

štapići za jelo

cucharón

kutlača

estpátula

lopatica

batidora

penjača

colador

sito za kuvanje

colador

sito

rallador

ribež

mortero

mužar

parrilla

roštilj

fogata

ognjište

tabla de picar

daska

palo de amasar

oklagija

sacacorchos

vadičep

lata

konzerva

abrelatas

otvarač konzervi

manopla

krpa za lonac

pileta

sudoper

cepillo

četka

esponja

sunđer

batidora

mikser

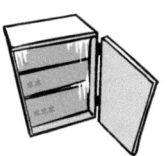

congelador

zamrzivač

mamadera

flašica za bebe

canilla

slavina za vodu

baño
kupaonica

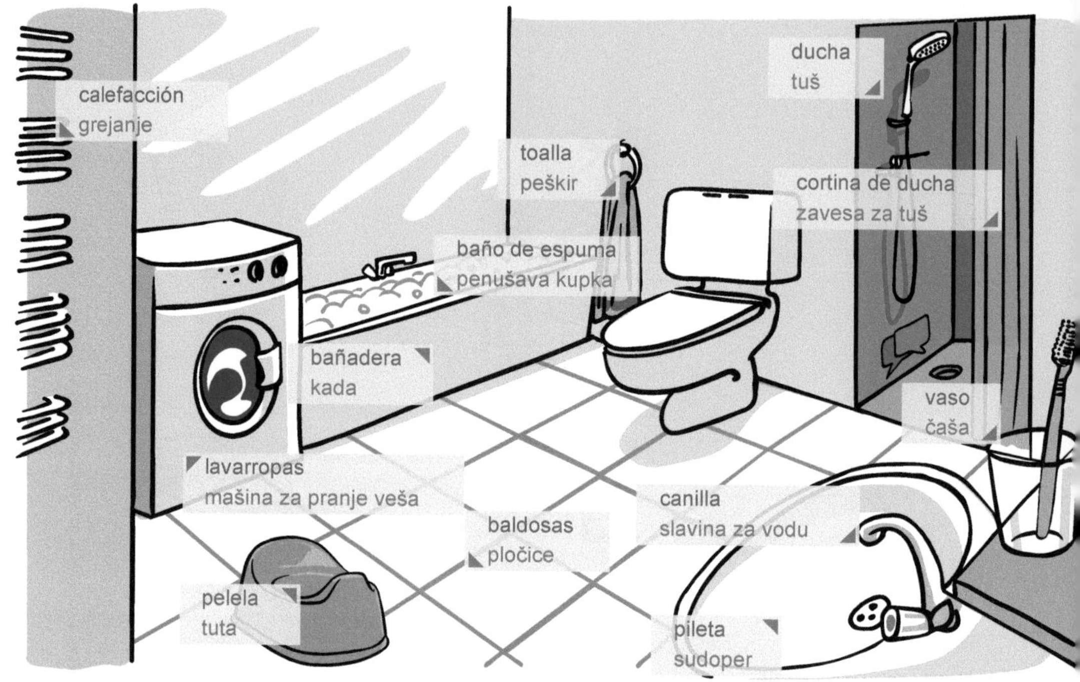
calefacción
grejanje
toalla
peškir
ducha
tuš
cortina de ducha
zavesa za tuš
baño de espuma
penušava kupka
bañadera
kada
lavarropas
mašina za pranje veša
baldosas
pločice
canilla
slavina za vodu
vaso
čaša
pelela
tuta
pileta
sudoper

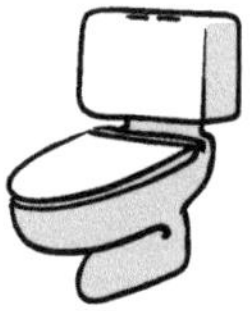

inodoro

toalet

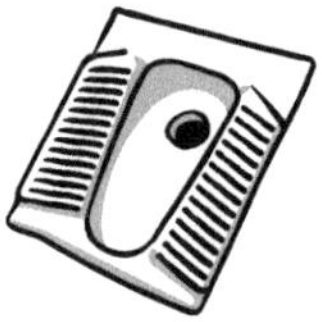

letrina

čučavac

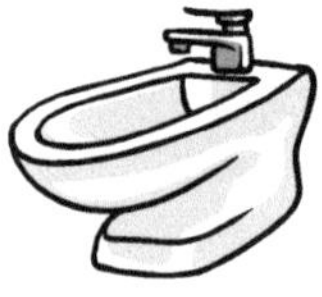

bidé

bidet

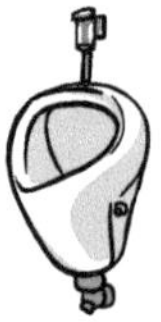

mingitorio

pisoar

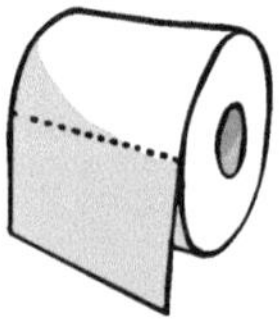

papel higiénico

toaletni papir

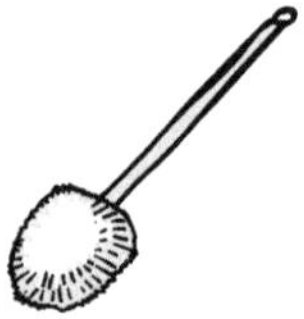

cepillo para el inodoro

četka za toalet

cepillo de dientes

četkica za zube

dentífrico

pasta za zube

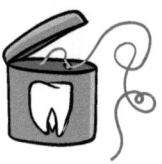

hilo dental

konac za zube

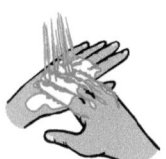

lavar

prati

ducha de mano

tuš ručica

ducha higiénica

tuš za pranje intimnih delova

palangana

lavor

cepillo para espalda

četka za pranje leđa

jabón

sapun

gel de ducha

gel za tuširanje

shampoo

šampon

toallita

krpa za pranje

desagüe

odvod

crema

krema

desodorante

dezodorans

espejo

ogledalo

espejito

kozmetičko ogledalo

maquinita de afeitar

brijač

espuma de afeitar

pena za brijanje

aftershave

losion za posle brijanja

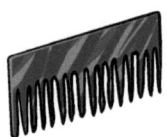

peine

češalj

cepillo

četka

secador de pelo

fen za kosu

spray

sprej za kosu

maquillaje

makeup

lápiz de labios

ruž za usne

esmalte para uñas

lak za nokte

algodón

vata

tijera para uñas

makaze za nokte

perfume

parfem

portacosméticos

kozmetička torbica

banqueta

stolica

balanza

vaga

bata

ogrtač

guantes de goma

rukavice za čišćenje

tampón

tampon

toallita femenina

uložak

baño químico

hemijski toalet

cuarto de los chicos

dečija soba

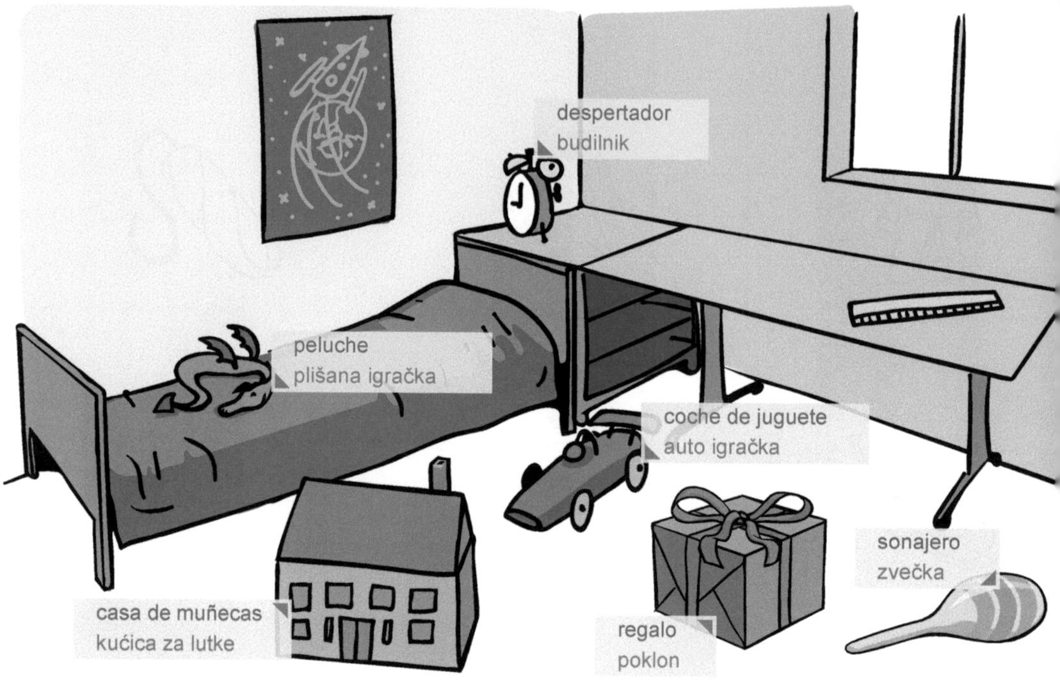
despertador
budilnik
peluche
plišana igračka
coche de juguete
auto igračka
sonajero
zvečka
casa de muñecas
kućica za lutke
regalo
poklon

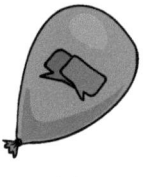

globo

balon

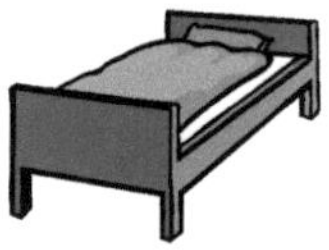

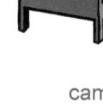

cama

krevet

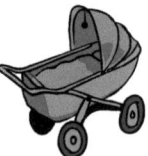

cochecito

dječija kolica

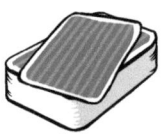

cartas

igra s kartama

rompecabezas

slagalica

SUPER
MEGA

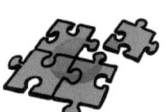

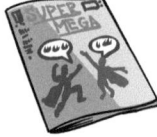

historieta

strip

piezas de lego
lego kockice

ladrillos de juguete
kockice za slaganje

figura de acción
akcioni junak

enterito (de bebé)
benkica za bebe

frisbee
frizbi

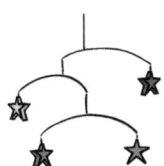

móvil para bebés
viseće igračke

juego de mesa
društvene igre

dados
kocka

tren eléctrico
minijaturna željeznica

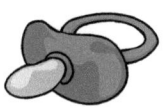

chupete
duda

fiesta
zabava

libro de cuentos ilustrado

slikovnica

pelota
lopta

muñeca
lutka

jugar
igrati

arenero

pješčanik

hamaca

ljuljačka

juguetes

igračka

consola de videojuegos

konzola za igre

triciclo

tricikl

osito de peluche

tedi

armario

ormar

ropa

odeća

medias

kratke čarape

medias panty

čarape

calzas

hulahopke

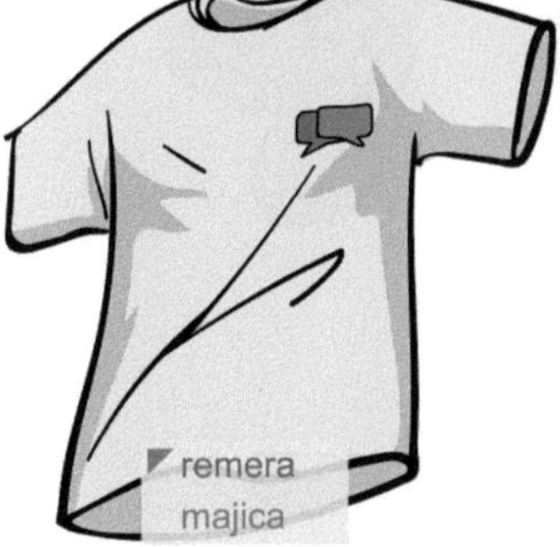

bufanda
šal

cinturón
kaiš

paraguas
kišobran

remera
majica

botas
čizme

pantuflas
papuče

zapatillas
patike

sandalias
sandale

zapatos
cipele

botas de goma
gumene čizme

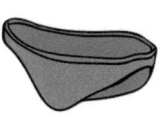

ropa interior
gaćice

corpiño
grudnjak

chaleco
potkošulja

body
bodi

pantalones
pantalone

jeans
farmerke

pollera
suknja

blusa
bluza

camisa
košulja

pulóver
džemper

buzo
džemper s kapuljačom

blazer
sako

campera
jakna

tapado
kaput

piloto
kabanica

traje
kostim

vestido
haljina

vestido de novia
venčanica

traje
odelo

camisón
spavaćica

pijama
pidžama

sari
sari

pañuelo para cabeza
marama za glavu

turbante
turban

burka
burka

caftán
kaftan

abaya
abaja

traje de baño
kupaći kostim

short de baño
kupaće gaćice

shorts
kratke pantalone

jogging
odeća za trening

delantal
kecelja

guantes
rukavice

botón

dugme

anteojos

naočare

pulsera

narukvica

collar

ogrlica

anillo

prsten

aro

naušnica

gorra

kapa

percha

vešalica

sombrero

šešir

corbata

kravata

cierre

patent zatvarač

casco

kaciga

tiradores

naramenice

uniforme escolar

školska uniforma

uniforme

uniforma

babero
....
podbradak

chupete
....
duda

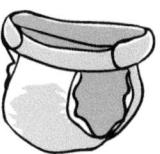

pañal
....
pelena

oficina
kancelarija

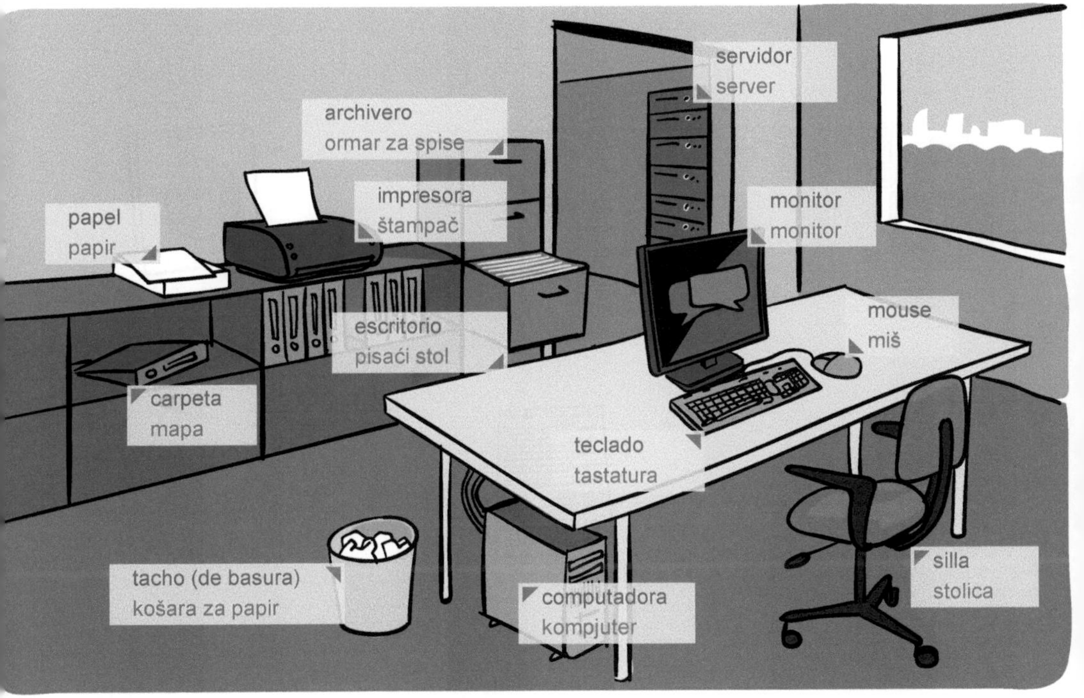

servidor
server

archivero
ormar za spise

impresora
štampač

monitor
monitor

papel
papir

escritorio
pisaći stol

mouse
miš

carpeta
mapa

teclado
tastatura

tacho (de basura)
košara za papir

silla
stolica

computadora
kompjuter

taza de café
....
šalica za kavu

calculadora
....
kalkulator

internet
....
internet

laptop

laptop

carta

pismo

mensaje

poruka

celular

mobilni telefon

red

mreža

fotocopiadora

uređaj za kopiranje

software

softver

teléfono

telefon

tomacorriente

utičnica

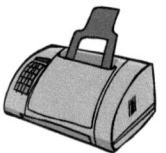

fax

faks

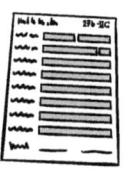

formulario

formular

documento

dokument

comprar

kupovati

pagar

platiti

hacer negocios

trgovati

dinero

novac

USD

dólar

dolar

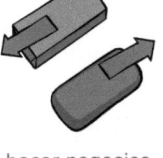 

EUR

euro

evro

JPY

yen

jen

RUB

rublo

rublja

CHF

franco suizo

švajcarski franak

CNY

yuan

renmindbi juan

INR

rupia

rupija

cajero automático

automat za novac

casa de cambio

menjačnica

oro

zlato

plata

srebro

petróleo

nafta

energía

energija

precio

cena

contrato

ugovor

impuesto

porez

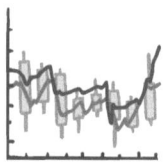

acción

deonica

trabajar

raditi

empleado

službenik

empleador

poslodavac

fábrica

fabrika

negocio

prodavnica

policía
policajac

bombero
vatrogasac

cocinero
kuvar

médico
lekar

piloto
pilot

jardinero
vrtlar

carpintero
stolar

modista
krojačica

juez
sudija

farmacéutico
hemičar

actor
glumac

colectivero

vozač autobusa

taxista

vozač taksija

pescador

ribar

mucama

čistačica

techista

krovopokrivač

mozo

konobar

cazador

lovac

pintor

slikar

panadero

pekar

electricista

električar

albañil

građevinski radnik

ingeniero

inženjer

carnicero

mesar

plomero

limar

cartero

poštar

soldado

vojnik

arquitecto

arhitekta

cajero

blagajnik

florista

cvećar

peluquero

frizer

cobrador

kondukter

mecánico

mehaničar

capitán

kapetan

dentista

zubar

científico

naučnik

rabino

rabi

imán

imam

monje

monah

sacerdote

svećenik

herramientas
alati

martillo
čekić
tenaza
klešta
destornillador
odvijač
llave
ključ za zavrtnje
linterna
džepna lampa

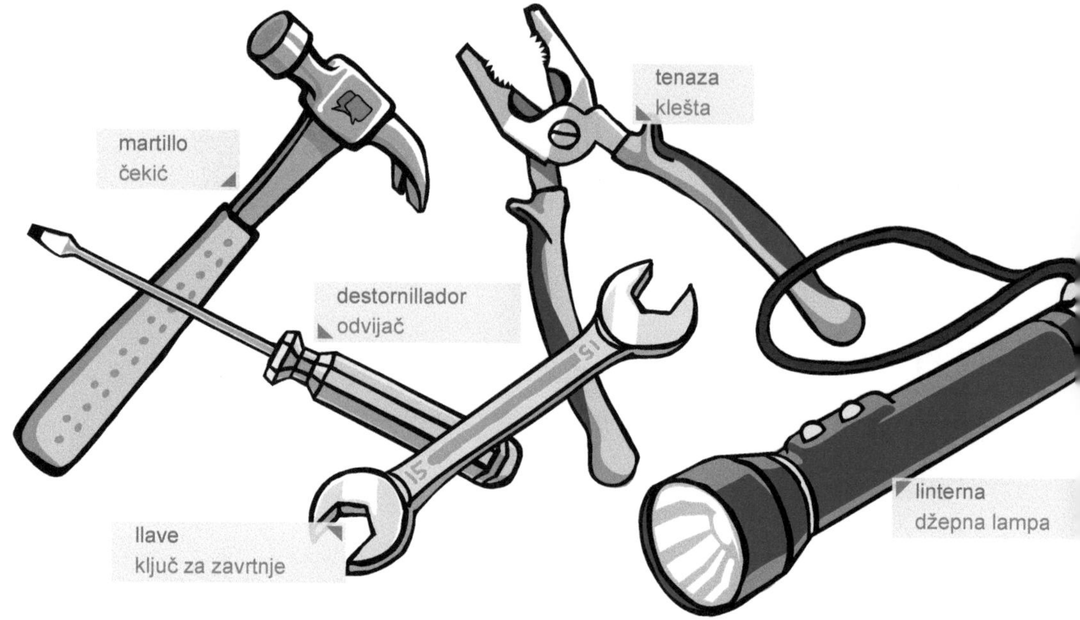

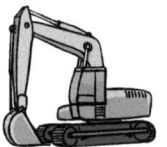

excavadora

bager

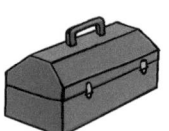

caja de herramientas

kutija za alat

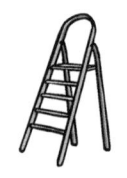

escalera portátil

merdevine

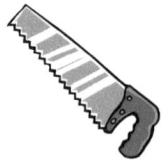

sierra

pila

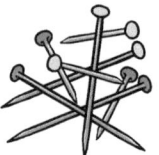

clavos

ekser

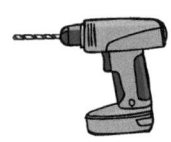

taladro

bušilica

arreglar

popraviti

pala de jardín

lopata

¡Qué bronca!

do đavola!

pala de plástico

lopatica

tacho de pintura

lonac za boju

tornillos

zavrtanji

instrumentos musicales
muzički instrument

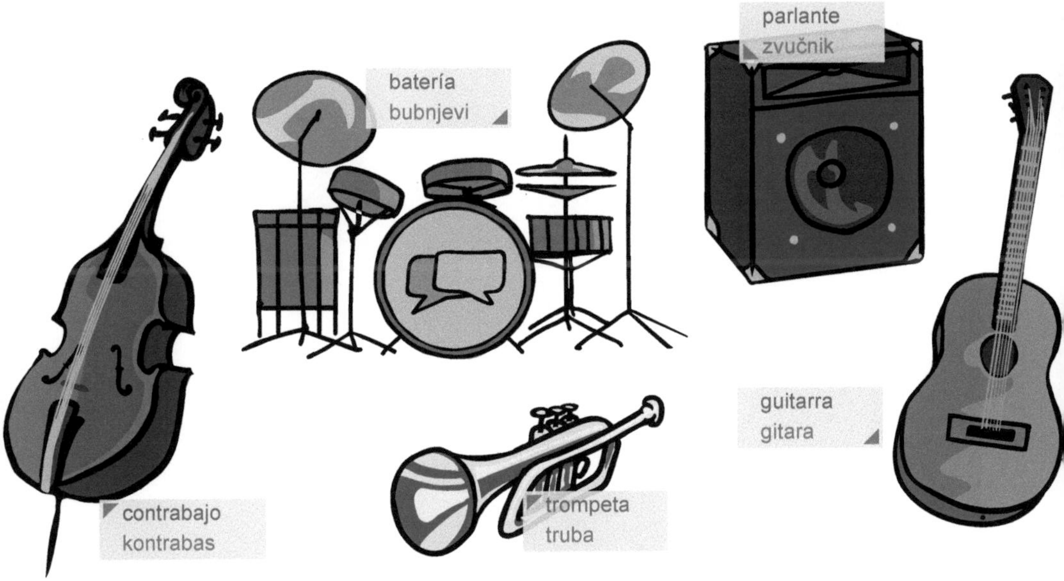

parlante
zvučnik

batería
bubnjevi

guitarra
gitara

contrabajo
kontrabas

trompeta
truba

piano

klavir

violín

violina

bajo

bas

timbales

timpani

tambor

udaraljke za bubnjeve

teclado

tipke klavira

saxofón

saksofon

flauta

flauta

micrófono

mikrofon

zoológico
zoološki vrt

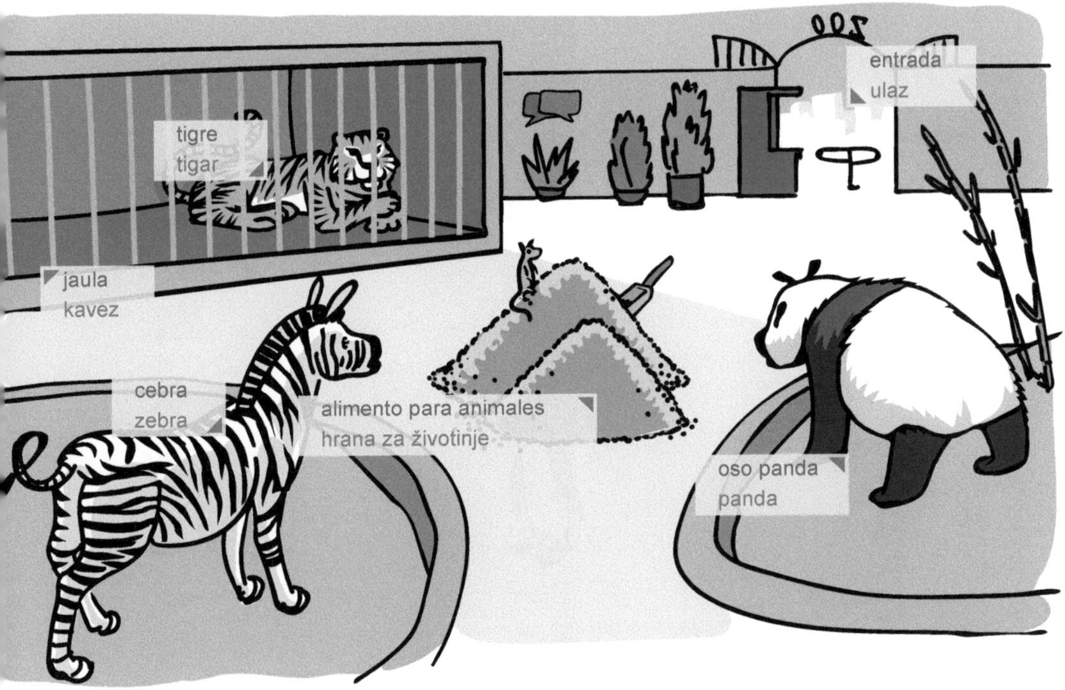
tigre
tigar
entrada
ulaz
jaula
kavez
cebra
zebra
alimento para animales
hrana za životinje
oso panda
panda

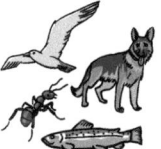

animales
životinje

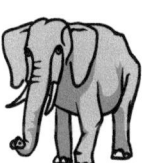

elefante
slon

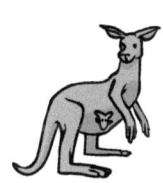

canguro
kengur

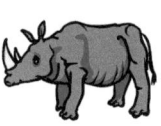

rinoceronte
nosorog

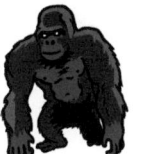

gorila
gorila

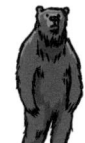

oso
medved

camello

kamila

avestruz

noj

león

lav

mono

majmun

flamenco

flamingo

loro

papagaj

oso polar

polarni medved

pingüino

pingvin

tiburón

ajkula

pavo real

paun

serpiente

zmija

cocodrilo

krokodil

cuidador del zoológico

čuvar u zoološkom vrtu

foca

tuljan

jaguar

jaguar

poni

poni

leopardo

leopard

hipopótamo

nilski konj

jirafa

žirafa

águila

orao

jabalí

divlja svinja

pescado

riba

tortuga

kornjača

morsa

morž

zorro

lisica

gacela

gazela

deportes
sport

fútbol americano
američki nogomet

ciclismo
biciklizam

tenis
tenis

básquet
košarka

natación
plivanje

hockey sobre hielo
hokej na ledu

boxeo
boks

fútbol
fudbal

bádminton
badminton

atletismo
atletika

handball
rukomet

esquí
skijanje

polo
polo

saltar
skočiti

reír
smejati se

abrazar
zagrliti

caminar
ići

cantar
pevati

soñar
sanjati

rezar
moliti se

besar
poljubiti

escribir
pisati

dibujar
crtati

mostrar
pokazati

presionar
gurati

dar
dati

tomar
uzeti

tener
imati

hacer
činiti

ser
biti

estar parado
stojati

correr
trčati

tirar
povlačiti

tirar
baciti

caer
padati

estar acostado
ležati

esperar
čekati

llevar
nositi

estar sentado
sediti

vestirse
oblačiti

dormir
spavati

despertar
probuditi se

mirar

gledati

llorar

plakati

acariciar

milovati

peinar

češljati

hablar

govoriti

entender

razumeti

preguntar

pitati

escuchar

slušati

beber

piti

comer

jesti

ordenar

pospremiti

amar

voleti

cocinar

kuhati

manejar

voziti

volar

leteti

actividades - aktivnosti

navegar

ploviti

calcular

računati

leer

čitati

aprender

učiti

trabajar

raditi

casarse

venčati se

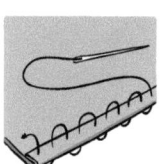

coser

šiti

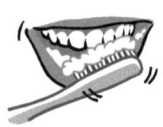

cepillarse los dientes

prati zube

matar

ubiti

fumar

pušiti

enviar

poslati

actividades - aktivnosti

familia
porodica

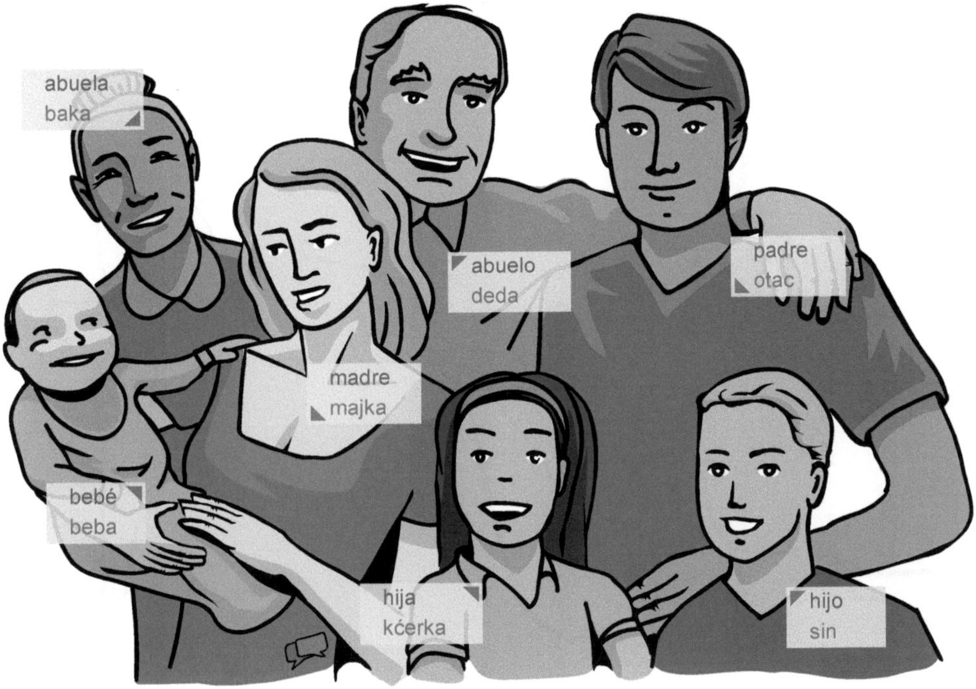

abuela
baka
abuelo
deda
padre
otac
madre
majka
bebé
beba
hija
kćerka
hijo
sin

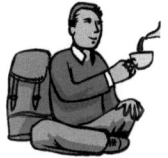

invitado

gost

tía

tetka

tío

ujak, stric

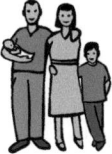

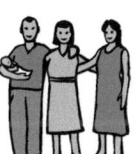

hermano

brat

hermana

sestra

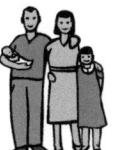

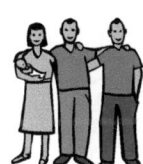

cuerpo
telo

frente
čelo
ojo
oko
hombro
rame
dedo
prst
cara
lice
pera
brada
mano
ruka
pecho
grudi
pierna
noga
brazo
ruka

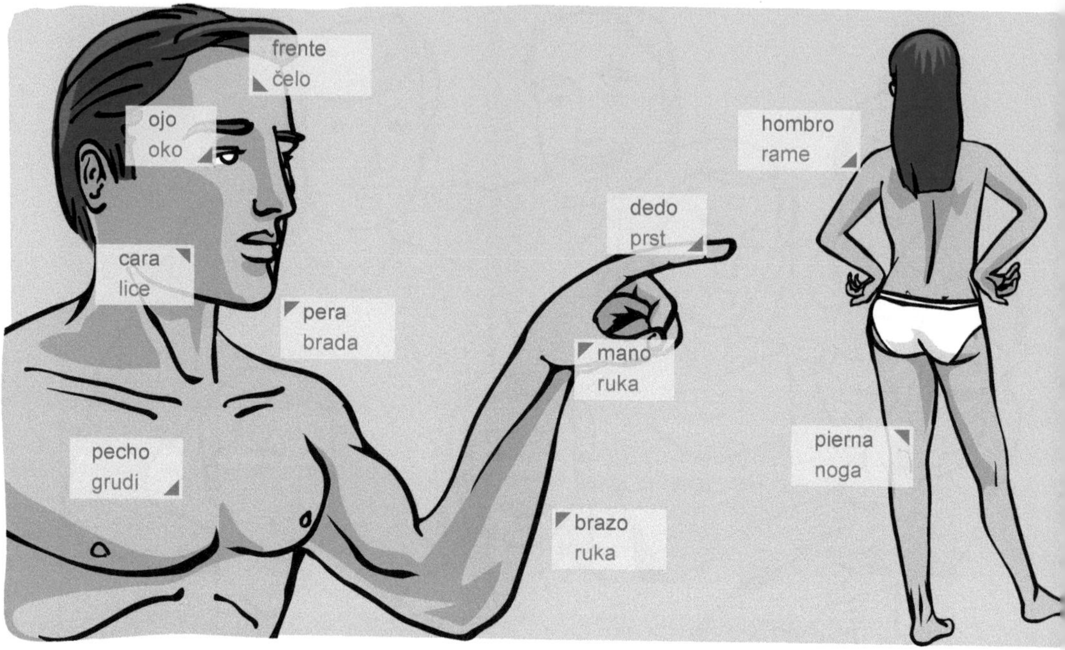

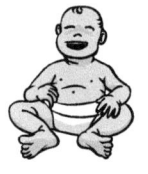

bebé

beba

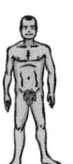

hombre

muškarac

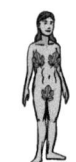

mujer

žena

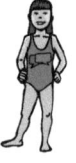

nena

devojčica

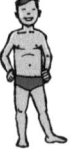

nene

dečak

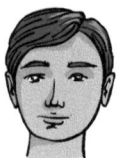

cabeza

glava

espalda

leđa

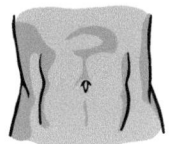

panza

stomak

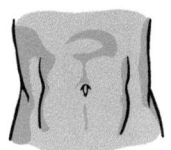

ombligo

pupak

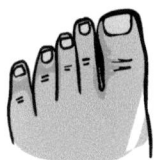

dedo del pie

nožni prst

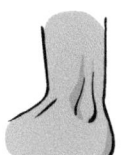

talón

peta

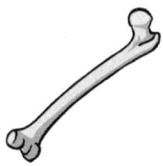

hueso

kost

cadera

kukovi

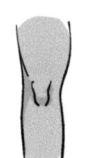

rodilla

koleno

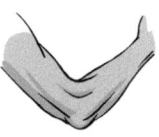

codo

lakat

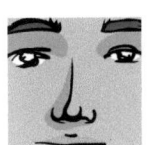

nariz

nos

cola

zadnjica

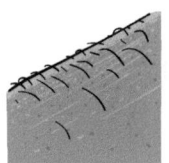

piel

koža

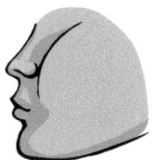

cachete

obraz

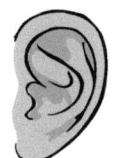

oreja

uvo

labio

usna

cuerpo - telo

boca

usta

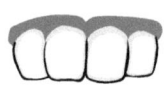

diente

zub

lengua

jezik

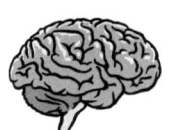

cerebro

mozak

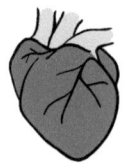

corazón

srce

músculo

mišić

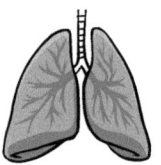

pulmón

pluća

hígado

jetra

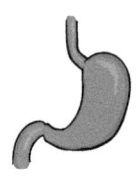

estómago

želudac

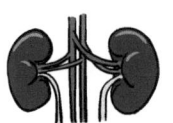

riñones

bubrezi

sexo

polni odnos

preservativo

kondom

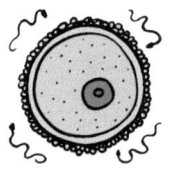

óvulo

jajna ćelija

semen

sperma

embarazo

trudnoća

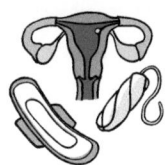

menstruación
menstruacija

vagina
vagina

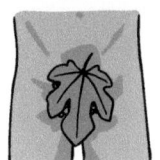

pene
penis

ceja
obrva

pelo
kosa

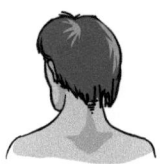

cuello
vrat

hospital
bolnica

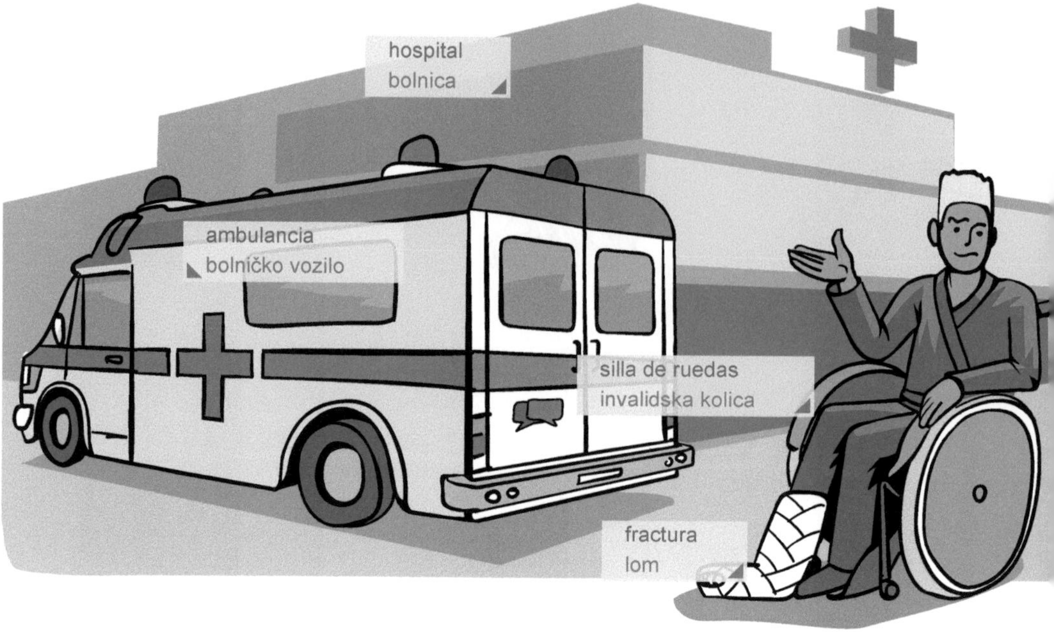

hospital
bolnica
ambulancia
bolničko vozilo
silla de ruedas
invalidska kolica
fractura
lom

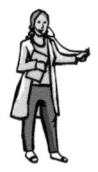

médico

lekar

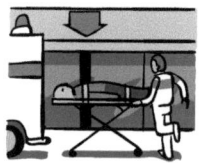

sala de guardia

hitna medicinska služba

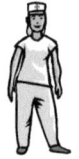

enfermera

medicinska sestra

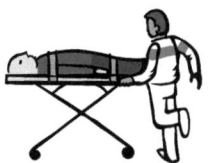

emergencia

hitni slučaj

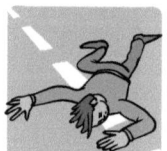

inconsciente

nesvest

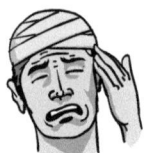

dolor

bol

lesión
povreda

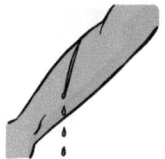

hemorragia
krvarenje

infarto
srčani udar

ACV
udar

alergia
alergija

tos
kašalj

fiebre
groznica

gripe
gripa

diarrea
proliv

dolor de cabeza
glavobolja

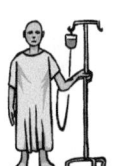

cáncer
rak

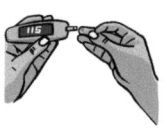

diabetes
dijabetes

cirujano
hirurg

bisturí
skalpel

operación
operacija

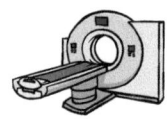

TC

ct

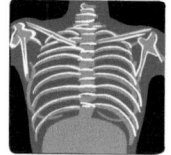

rayos x

rentgen

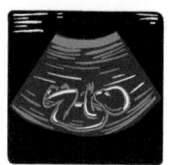

ecografía

ultrazvuk

barbijo

maska

enfermedad

bolest

sala de espera

čekaona

muleta

štaka

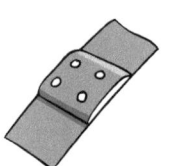

curita

flaster

venda

zavoj

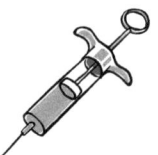

inyección

injekcija

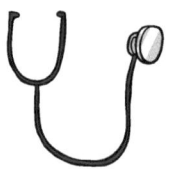

estetoscopio

stetoskop

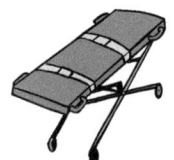

camilla

nosila

termómetro

termometar

nacimiento

rođenje

sobrepeso

prekomerna težina

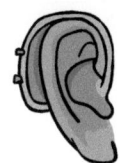

audífono

slušni aparat

desinfectante

sredstvo za dezinfekciju

infección

infekcija

virus

virus

VIH / SIDA

HIV / AIDS

remedio

medicina

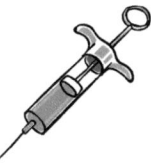

vacunación

vakcinacija

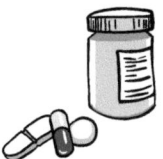

comprimidos

tablete

pastilla anticonceptiva

pilula

llamada de emergencia

hitni poziv

tensiómetro

uređaj za merenje pritiska

enfermo / sano

bolesno / zdravo

hospital - bolnica

¡Ayuda!

pomoć!

alarma

alarm

agresión

nasrtaj

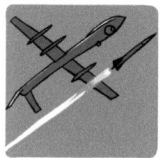

ataque

napad

peligro

opasnost

salida de emergencia

izlaz u slučaju nužde

¡Fuego!

požar!

matafuego

protivpožarni aparat

accidente

nezgoda

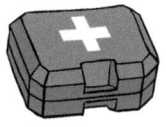

botiquín de primeros
auxilios

kutija prve pomoći

SOS

sos

policía

policija

Europa

Evropa

América del Norte

Severna Amerika

América del Sur

Južna Amerika

África

Afrika

Asia

Azija

Australia

Australija

Atlántico

Atlantik

Pacífico

Pacifik

Océano Índico

Indijski okean

Océano Antártico

Antarktički okean

Océano Ártico

Arktički ocean

polo norte

Severni pol

polo sur

Južni pol

Antártida

Antarktik

Tierra

zemlja

tierra

zemlja

mar

more

isla

otok

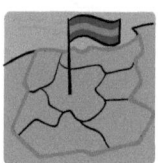

nación

nacija

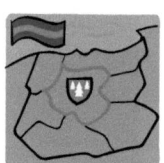

estado

država

esfera

brojčanik sata

manecilla de las horas

satna kazaljka

minutero

minutna kazaljka

segundero

sekundna kazaljka

¿Qué hora es?

Koliko je sati?

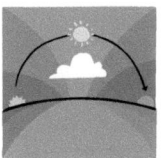

día

dan

hora

vreme

ahora

sada

reloj digital

digitalni sat

minuto

minuta

hora

čas

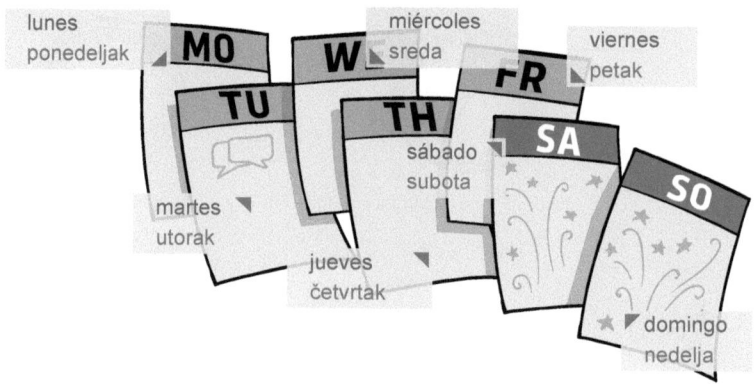

lunes / ponedeljak — MO
martes / utorak — TU
miércoles / sreda — WE
jueves / četvrtak — TH
viernes / petak — FR
sábado / subota — SA
domingo / nedelja — SO

ayer
juče

hoy
danas

mañana
sutra

mañana
jutro

mediodía
podne

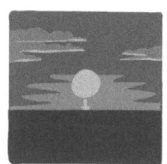

tarde
veče

MO	TU	WE	TH	FR	SA	SU
1	2	3	4	5	6	7
8	9	10	11	12	13	14
15	16	17	18	19	20	21
22	23	24	25	26	27	28
29	30	31	1	2	3	4

días hábiles
radni dani

MO	TU	WE	TH	FR	SA	SU
1	2	3	4	5	6	7
8	9	10	11	12	13	14
15	16	17	18	19	20	21
22	23	24	25	26	27	28
29	30	31	1	2	3	4

fin de semana
vikend

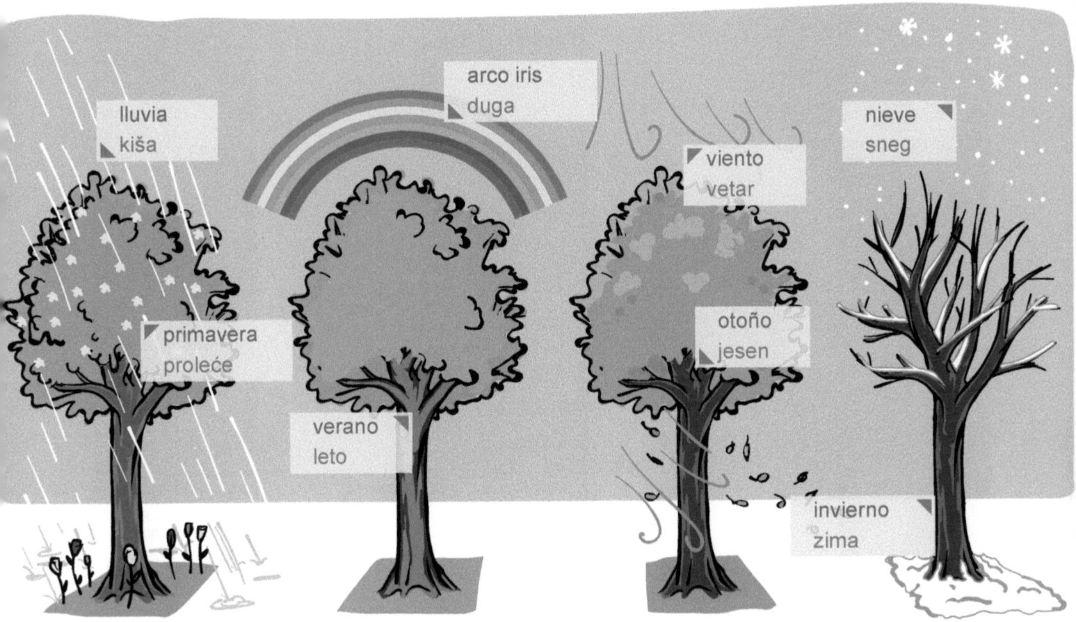

lluvia
kiša

arco iris
duga

viento
vetar

nieve
sneg

primavera
proleće

otoño
jesen

verano
leto

invierno
zima

4.APRIL	11°	☀
5.APRIL	4°	☁
6.APRIL	13°	☔
7.APRIL	8°	☀
8.APRIL	10°	☀

pronóstico meteorológico
....
meteorološka prognoza

termómetro
....
termometar

luz del sol
....
sunčana svetlost

nube
....
oblak

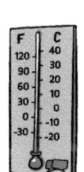

niebla
....
magla

humedad
....
vlažnost vazduha

rayo

munja

trueno

grmljavina

tormenta

oluja

granizo

tuča

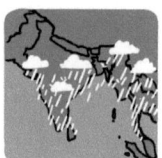

monzón

monsun

inundación

poplava

hielo

led

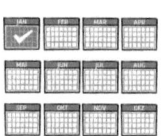

enero

januar

febrero

februar

marzo

mart

abril

april

mayo

maj

junio

juni

julio

juli

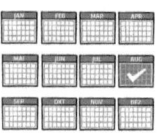

agosto

avgust

septiembre
septembar

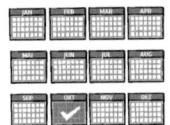

octubre
oktobar

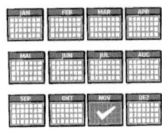

noviembre
novembar

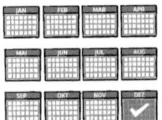

diciembre
decembar

formas

oblici

círculo
krug

cuadrado
kvadrat

rectángulo
pravougao

triángulo
trougao

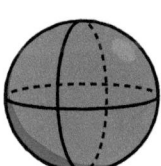

esfera
kugla

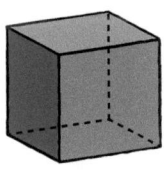

cubo
kocka

blanco

bela

amarillo

žuta

naranja

narandžasta

rosa

ružičasta

rojo

crvena

violeta

ljubičasta

azul

plava

verde

zelena

marrón

smeđa

gris

siva

negro

crna

mucho / poco

mnogo / malo

enojado / tranquilo

ljutito / mirno

lindo / feo

lepo / ružno

principio / fin

početak / kraj

grande / chico

veliko / maleno

claro / oscuro

svetlo / tamno

hermano / hermana

brat / sestra

limpio / sucio

čisto / prljavo

completo / incompleto

potpuno / nepotpuno

día / noche

dan / noć

muerto / vivo

mrtvo / živo

ancho / angosto

široko / usko

comestible / no comestible

jestivo / nejestivo

malo / amable

zlo / dobro

entusiasmado / aburrido

uzbuđeno / dosadno

gordo / flaco

debelo / mršavo

primero / último

na početku / na kraju

amigo / enemigo

prijatelj / neprijatelj

lleno / vacío

puno / prazno

duro / blando

tvrdo / mekano

pesado / liviano

teško / lagano

hambre / sed

glad / žeđ

enfermo / sano

bolesno / zdravo

ilegal / legal

ilegalno / legalno

inteligente / estúpido

pametno / glupo

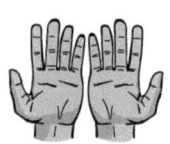

izquierda / derecha

levo / desno

cerca / lejos

blizu / daleko

opuestos - suprotnosti

nuevo / usado

novo / polovno

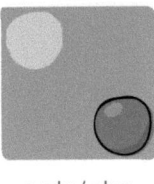

nada / algo

ništa / nešto

viejo / joven

staro / mlado

encendido / apagado

uključeno / isključeno

abierto / cerrado

otvoreno / zatvoreno

silencioso / ruidoso

tiho / glasno

rico / pobre

bogato / siromašno

correcto / incorrecto

tačno / pogrešno

áspero / suave

hrapavo / glatko

triste / contento

tužno / sretno

corto / largo

kratko / dugo

lento / rápido

polako / brzo

mojado / seco

mokro / suho

caliente / frío

toplo / hladno

guerra / paz

rat / mir

0

cero

nula

1

uno

jedan

2

dos

dva

3

tres

tri

4

cuatro

četiri

5

cinco

pet

6

seis

šest

7

siete

sedam

8

ocho

osam

9

nueve

devet

10

diez

deset

11

once

jedanaest

12
doce

dvanaest

13
trece

trinaest

14
catorce

četrnaest

15
quince

petnaest

16
dieciséis

šestnaest

17
diecisiete

sedamnaest

18
dieciocho

osamnaest

19
diecinueve

devetnaest

20
veinte

dvadeset

100
cien

stotinu

1.000
mil

hiljadu

1.000.000
millón

milion

inglés

engleski

inglés americano

americki engleski

chino mandarín

mandarinski kineski

hindi

hindski

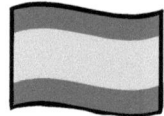

español

španski

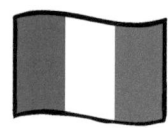

francés

francuski

árabe

arapski

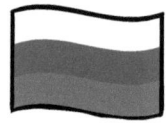

ruso

ruski

portugués

portugalski

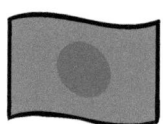

bengalí

bengalski

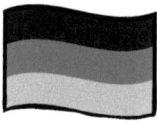

alemán

nemacki

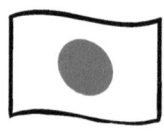

japonés

japanski

yo

ja

vos

ti

él / ella

on / ona / ono

nosotros

mi

ustedes

vi

ellos

oni

¿quién?

Ko?

¿qué?

Šta?

¿cómo?

Kako?

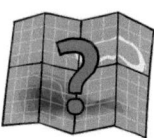

¿dónde?

Gde?

¿cuándo?

Kada?

nombre

ime

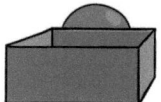

detrás

iza

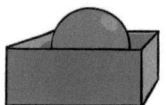

en

u

adelante de

ispred

por encima de

preko

sobre

na

debajo de

ispod

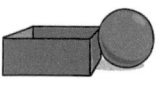

al lado de

pored

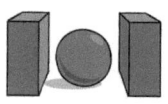

entre

između

lugar

mesto